LE GÉNÉRAL

HENRI DE CATHELINEAU

SON ROLE

pendant la guerre et la commune.

LE GÉNÉRAL

HENRI DE CATHELINEAU

Son rôle pendant la guerre et la commune.

Dans son noble et patriotique discours sur la tombe des héroïques et victorieuses victimes de Coulmiers, M. le préfet du Loiret, *Léon Renault*, s'écriait avec émotion : « M. de Cathe-
« lineau venant à la tête de ses braves
« volontaires remercier Dieu dans la
« cathédrale d'Orléans délivrée et
« s'écriant devant l'autel : *Tout pour*
« *Dieu et pour la patrie!* a résumé dans
« ces simples mots le secret de votre
« mort et de votre victoire ! Vous avez
« succombé pour conserver intact notre
« patrimoine national, notre vieil hon-
« neur, notre unité, le prix des larmes,
« du sang et des vertus de nos pères. Ce
« que vous vouliez faire, plus heureux
« que vous, nous le réaliserons un jour,
« j'en ai la foi profonde, à la condition
« de retremper comme vous nos cons-
« ciences dans l'amour ardent, exclusif
« de la patrie et dans la pratique des
« vertus chrétiennes ; l'abnégation, la

« discipline et le mépris de tout ce qui
« n'est pas noble et désintéressé ! »

Ces paroles élevées et si profondément
vraies, dans lesquelles se trouvent proclamés les principes éternels qui seuls,
respectés ou violés, grandissent ou renversent les peuples, disent toute la vie du
général HENRI DE CATHELINEAU.

Ce nom illustre et populaire entre tous
dans les annales des luttes gigantesques
de la Vendée pour *Dieu et le Roi*,
contre les démolisseurs, les bourreaux
ou les usurpateurs, a pu grandir encore
dans les derniers efforts de la patrie
envahie, et à chaque convulsion de cette
longue, terrible et glorieuse agonie,
Henri de Cathelineau et ses volontaires,
comme Charette et sa légion, ont consolé la France et étonné le monde par
les prodiges de courage et de dévouement
qui, s'ils ne donnent pas le triomphe,
ne laissent du moins jamais succomber
l'honneur et font briller dans le devoir
le rayonnement de nobles caractères et
de vaillantes épées. Toujours au danger
dans les avant-gardes, infatigables
éclaireurs de *l'armée de la Loire*, sans
trêve et sans repos, ils donnèrent une
juste terreur à l'ennemi, un admirable
exemple à leurs compatriotes; et l'on

put se convaincre alors, en les voyant souffrir et combattre, du rôle tout puissant des sentiments et des idées, des traditions et de la foi.

Le passé de *Cathelineau*, devenu une légende historique, est trop connu pour que nous ayons à le rappeler ici. Ce n'est qu'aux jours des grands désastres de la France, à l'heure où, après *Sedan*, les envahisseurs barbares enveloppaient *Paris* de leurs lignes victorieuses et pénétraient au cœur du pays, que nous prenons le général *Henri* sortant de sa retraite obscure et venant avec son nom, son cœur et son épée se jeter dans les hasards de la guerre pour sauver, s'il se peut encore, la patrie, l'honneur, la liberté par l'effort de sa bravoure et de son âme de héros chrétien.

Au reste ses premières paroles le révèlent tout entier et, pour le faire connaître et le louer, nous n'avons qu'à reproduire la correspondance *officielle* publiée par la Presse à cette douloureuse époque.

Lettre du général de Cathelineau
à M. le ministre de la guerre.

Tours, le 22 septembre 1870.

« Monsieur le ministre de la guerre,
« J'ai l'honneur de solliciter l'autorisation

« de lever dans la Vendée des volontaires
« destinés à harceler l'ennemi comme
« éclaireurs et francs-tireurs.

« Vous connaissez le courage des Ven-
« déens.

« Vous savez quelle fut l'influence de
« mon nom dans ce pays.

« Je serais honteux, dans la circonstance
« présente, de n'en pas profiter pour aider
« à repousser l'ennemi et à sauver l'hon-
« neur de la France.

« Je suis, monsieur le ministre, votre
« très humble et très obéissant serviteur.

« Henri DE CATHELINEAU.

« Approuvé : GLAIS-BIZOIN.

« Approuvé et fortement recommandé à
« M. le ministre de la guerre.

CRÉMIEUX.

Le ministre de la guerre immédiatement
répondit :

« Le ministre secrétaire d'Etat de la
« guerre autorise M. *de Cathelineau* (*Henri*)
« à exercer les fonctions de commandant
« dans le corps franc des volontaires de la
« Vendée et lui reconnaît le titre de belligé-
« rant.

« Tours, le 22 septembre 1870.

A l'appel énergique et noblement
exprimé de M. *Henri de Cathelineau* dans
une *proclamation* qu'il serait trop long

de donner ici, les provinces s'ébranlè-
rent ; tout ce qui avait au cœur la douleur et la foi patriotiques et pouvait encore librement faire acte de civisme, en
choisissant son poste pour le combat,
vint à lui plein de confiance, et afin qu'il
ne pût y avoir d'erreur sur la pensée du
chef et le but auquel il entendait se dé-
vouer, les journaux inséraient, peu de
jours après, une note dont les termes
sont profondément émouvants :

Des républicains de Cognac (Charente)
viennent d'écrire à M. de Cathelineau pour
lui demander de s'enrôler dans sa légion.
Voici sa réponse :

« Messieurs,

« En face de l'ennemi, nous sommes
« tous frères, je vous accepte donc avec re-
« connaissance et vous attends.

« CATHELINEAU. »

Quelques semaines plus tard, le corps
des volontaires-éclaireurs se couvrait de
gloire sur les bords de la Loire, près de
Beaugency et, la nuit même de la victoire de Coulmiers, entrait à Orléans.
Là, il ne s'arrêtait que pour remercier
Dieu publiquement dans la cathédrale,
remplacer ses vêtements en lambeaux,

refaire ses approvisionnements épuisés, et courait, sans repos, à de nouveaux périls et à de terribles souffrances, en allant occuper, pendant un mois, la forêt humide et malsaine dont il devait bientôt disputer héroïquement le passage à l'armée triomphante de *Frédéric-Charles*.

Nous les avons vus alors ces hommes dont beaucoup étaient nos amis ; nous avons serré leurs mains noircies, avec une émotion que nous n'oublierons jamais ; nous avons entendu de la bouche de ces marquis, simples soldats déguenillés, le récit de souffrances supportées sans murmures et sans regrets, racontées gaiement et avec un cœur insouciant par eux-mêmes, ne songeant qu'aux maux de la France et ne rêvant de douces espérances que pour cette chère blessée.

Pendant ce temps, *Lyon*, la cité démocratique, se réjouissait en émeutes et Garibaldi délivrait... des mandats !

Hélas ! le triomphe d'un jour ne devait être qu'une halte dans la douleur et la vieille France, qui tombait, jetait au monde un éclatant rayon, comme les météores qui sillonnent le ciel et l'illuminent de leur chute. Si l'on ne devait plus vaincre, plus que jamais on allait combattre, plus que jamais on allait souffrir et mourir froidement, par devoir, sans consolation et presque sans espérance.

Pendant cette longue et rude campagne d'hiver qui se poursuivit sur la Loire, marquée presque chaque jour par de glorieux mais hélas ! inutiles combats, le *général de Cathelineau*, à la tête de ses 18,000 volontaires, se couvrit d'honneur et rendit les plus grands services. Les chefs de l'armée se plurent, en toute circonstance, à le proclamer ; le gouvernement sut le reconnaître par ses justes éloges et par ses récompenses ; et aucune tache ne rejaillit jamais sur l'*Etendard bleu, couleur de la sainte Vierge*, que le général avait donné *seul* à son corps et qu'il avait choisi, par une inspiration heureuse et touchante, pour symboliser ainsi et ranimer en même temps la foi religieuse, tout en éloignant les difficultés qu'eussent pu susciter, même en face de l'ennemi, comme elles le font trop souvent, au grand détriment du pays, les passions politiques.

La France ne fut pas injuste, et quand survint l'armistice, par un élan tout spontané, *Marseille* choisissait pour la représenter et défendre l'honneur et les intérêts du pays à l'assemblée de Bordeaux le général *de Cathelineau*, auquel les électeurs *ouvriers* de Provence donnaient 33,000 suffrages. Mais, si la lutte armée convenait à la loyale nature du général, la lutte parlementaire, plus exigeante d'habileté que de franchise, de compromis que d'intégrité, lui régugnait, et il refusa alors, comme plus tard aux élections de *Paris*, d'aller siéger à l'Assemblée nationale. La lettre qu'il écrivit dans cette dernière circonstance pour décliner toute candidature est une profession trop nette et trop belle pour que nous n'en conservions pas ici le texte authentique :

« Cher Monsieur de Villemessant,

« Je viens vous remercier de m'avoir
« placé sur la liste des trente noms qui
« avaient mérité votre choix dans la séance
« du 27 juin ; je suis fier d'avoir obtenu
« l'*unanimité* des suffrages *de tous les jour-*
« *naux* de l'*Union Parisienne*.

« *Ce résultat dit assez que tous vous avez*
« *approuvé ma conduite et mes efforts dans la*
« *guerre contre l'étranger ; je ne pouvais obte-*
« *nir une plus grande récompense; je l'accepte*
« *pour mes compagnons d'armes et pour moi.*

« En ne me portant pas sur la liste défini-
« tive des vingt et un représentants appe-
« lés à la Chambre par la ville de Paris,

« vous m'avez rendu un autre témoignage
« dont je suis encore beaucoup plus fier.
« Vous avez compris qu'un *Cathelineau* mis
« en avant ne peut attendre, impatient qu'il
« est de l'honneur et de la gloire de son
« pays.

« Vous avez, sans doute, trouvé la France
« encore trop malade pour m'accepter tout
« entier, avec ma devise : *Dieu et le Roi*,
« héritage conquis sur 93 par le sang de
« tous les miens. Vous avez attendu, je vous
« remercie.

« J'attendrai avec vous, et quand vous
« serez prêts, rappelez-vous que je le suis
« toujours pour vous suivre au cri de
« *Vive la France !*

« Veuillez agréer mes remerciements et
« l'assurance de ma considération distin-
« guée.

« Paris, le 29 juin 1871.

« CATHELINEAU. »

Ce magnifique langage, dans lequel on sent vibrer un grand caractère, révèle Cathelineau tout entier. Aussi ne doit-on pas s'étonner qu'au moment où éclatèrent les désordres sanglants de la Commune de Paris, le chef du pouvoir exécutif et le gouvernement aient prié le général de lever de nouveau son épée devant la Bretagne et devant le pays, et d'appeler à lui les cœurs et les bras dévoués.

Les députés des Côtes-du-Nord s'é-

taient écriés dans une énergique proclamation : « Aux armes, braves Bretons!
« Venez vous ranger avec vos frères de
« l'armée sous les drapeaux de l'Assem-
« blée nationale que vous avez élue, ve-
« nez défendre avec nous tout ce qu'il y
« a de plus respectable, de plus sacré
« dans le monde : la religion, vos pro-
« priétés, vos familles ! »

Et de son quartier général de *Rambouillet, Cathelineau* leur jetait à son
tour son noble cri de guerre : « *Encore
une fois, réunissons-nous nombreux,
n'ayant d'autre cri, d'autre devise que :*
Dieu et la France! »

Grâces à Dieu, cette fois l'effort de
l'armée régulière suffit à un complet
triomphe. « La Providence, suivant une
« haute parole (1), devait une revanche à
« l'homme qui représente si complète-
« ment en France l'honneur militaire.
« Il avait suffi à *Mac-Mahon* de quelques
« semaines pour reconstituer une armée
« digne de lui et de la grande cause
« qu'il allait servir, et cette armée, re-
« trempée dans l'esprit de discipline,
« était aussitôt entrée en possession de

---

(1) Lettre de Mgr le Comte de Chambord à M. de
Carayon-Latour.

« ses vertus militaires. Il n'est donné
« qu'au soldat français de se relever si
« vite et si bien. »

Tout concours étranger était devenu
inutile et, le 31 mai, un ordre de licenciement renvoyait à leurs foyers les cou-
rageux volontaires de Rambouillet, que
la calomnie atteignait en même temps et
que nous croyons devoir venger ici en
publiant les documents officiels et en
saluant de l'admiration la plus émue le
magnifique langage du général de
Cathelineau :

« Mes amis,

« Je vous avais appelés ; vous avez ré-
« pondu à mon appel, je vous remercie.
« Lorsque le chef du pouvoir exécutif
« m'avait exprimé le désir de voir un grand
« nombre de volontaires s'opposer au dé-
« sordre si criminel qui s'organisait à Paris,
« notre armée n'était point encore revenue
« d'Allemagne. Les embarras étaient
« grands, le danger des plus menaçants.
« Cette position si difficile se modifia
« promptement. Les généraux, les officiers,
« les soldats, étaient arrivés, et le gouver-
« nement ne voulut opposer que la force
« régulière aux insurgés.
« Telle est la raison pour laquelle vous
« n'avez été ni complètement armés, ni en-
« voyés contre l'émeute.
« Militaires, nous devions obéir et at-

« tendre. Tous vous avez supporté cette
« tâche plus pénible que toute autre.

« Le ministre de la guerre me charge de
« vous remercier ; je ne puis mieux le faire
« qu'en vous livrant la lettre qu'il vient de
« m'adresser :

« Versailles, 31 mai 1871.

« Mon cher général,

« Le gouvernement a décidé que tous les
« corps des volontaires départementaux et
« celui des volontaires bretons que vous
« commandez, qui avaient été organi-
« sés les uns et les autres en prévision de
« complications politiques que pouvaient
« entraîner les événements de Paris, se-
« raient licenciés sur-le-champ. J'informe le
« général commandant la première division
« et M. l'intendant militaire de cette réso-
« lution, et je leur donne l'ordre de procéder
« à ce licenciement en ce qui concerne le
« corps particulier des volontaires bretons.

« Je regrette que les circonstances
« n'aient pas permis d'utiliser les hommes
« que vous aviez pris la peine de réunir et
« je suis certain que leur courage se fût
« trouvé à la hauteur de leur dévouement.

« Veuillez, mon cher général, être l'in-
« terprète de mes sentiments très sympa-
« thiques auprès des officiers, sous-officiers
« et soldats de vos bataillons, et recevoir
« pour vous-même, avec mes remercie-
« ments et l'expression de ma satisfaction,
« l'assurance de mon vieil attachement.

Le ministre de la guerre,
Signé : LE FLO.

« Voici la réponse envoyée au ministre de la guerre :

« Rambouillet, le 1ᵉʳ juin 1871.

« Monsieur le ministre,

« J'ai l'honneur de vous accuser récep-
« tion de la lettre que vous m'envoyez, me
« faisant connaître que le gouvernement
« a licencié le corps des volontaires bretons.
« Vous me chargez de remercier les offi-
« ciers, sous-officiers et soldats de l'em-
« pressement qu'ils avaient mis à se
« réunir pour s'opposer au désordre.
« Marcher contre des assassins et des in-
« cendiaires n'était pour aucun de nous un
« grand acte de dévouement. Se mêler à
« l'armée, combattre avec elle était pour
« nous tous un véritable devoir, bien plus,
« un désir ardent.

« Je regrette comme vous, Monsieur le
« ministre, que les circonstances aient forcé
« le gouvernement à nous soumettre à la
« plus rude épreuve qu'on puisse supporter
« dans la vie. Nous étions arrivés, il nous
« a arrêtés et tenus sans armes, malgré nos
« réclamations réitérées, et près de vous, et
« près du chef du pouvoir exécutif.

« Nous avons souffert au-delà de tout ce
« qu'on peut dire. Mais l'amour de la France,
« qui nous avait soutenus pendant toute la
« campagne, nous a fait faire ce grand sa-
« crifice, et nos amis comprendront qu'il
« nous eût été bien plus facile d'exposer
« cent fois notre vie que de rester depuis

« un mois dans la plus complète inaction et
« la plus terrible incertitude.

« Veuillez agréer, monsieur le ministre,
« l'assurance des sentiments de dévoue-
« ment de votre respectueux surbor-
« donné,

« CATHELINEAU. »

« Vous avez entendu la lettre de M. le mi-
« nistre et ma réponse. Partez donc, re-
« tournez dans vos familles et que toujours
« on vous retrouve dans les rangs des vrais
« Français. Notre pays est malheureux, mais
« Dieu peut cicatriser nos plaies. Il le fera,
« j'en ai la ferme confiance ; il nous donnera
« et la puissance et l'honneur. Soyons-lui
« fidèles.

« Séparons-nous au cri de *Vive la France*,
« mais restons unis dans son amour.

« *Vive la France !*

« CATHELINEAU. »

Au reste rien ne devait manquer à
Cathelineau comme consécration de sa
gloire et de ses vertus. Ce brave soldat
qui venait de verser son sang sur tous
les champs de bataille croyait en Dieu,
il était fidèle à la monarchie, il aimait la
France, il réunissait donc tous les titres
à la haine des radicaux, de ces hommes
de la rue qui détestent la France ! Ils

l'assaillirent à Montpellier d'injures, de pierres et de pétards. Il faut bien que les républicains s'entretiennent la main aux libres exploits de l'émeute et du despotisme infâme de la violence, c'est la tradition, c'est l'espoir et l'honneur de l'avenir ! Au lendemain de ces honteux désordres, *Cathelineau* criait à la presse hostile et ameutée contre lui : « Je suis « légitimiste ; oui, c'est une conviction « profonde, et certes les essais d'aujour- « d'hui la corroborent encore : aussi je « me cramponne de plus en plus à la de- « vise de mes pères : *Dieu et le Roi* ! Là « je vois un sauveur. Si je me trompe, « dites-moi où il est. »

Oui certes, c'est là, là seulement qu'est le sauveur de la famille et de la patrie, en ces jours menaçants où ceux qui ont creusé l'effroyable abîme nous regardent, avec tant de raison, comme leur inévitable et prochaine proie. Si le ciel désarme, si l'ennemi social est vaincu, il le sera par des hommes inspirés des sentiments de foi et de devoir qui ont animé et soutenu le simple héroïsme du général *de Cathelineau* et lui ont mérité à *Lucerne* comme une juste et haute récompense ce magnifique éloge de *Monseigneur le comte de Chambord*, qui, lui

serrant la main avec émotion, lui di-
sait :

« Comme je vous remercie, au nom de la
« France, de tout ce que vous avez fait pour
« la sauver ! Vous avez montré d'une ma-
« nière éclatante quels sentiments animent
« les légitimistes quand le pays est en dan-
« ger. Vous êtes digne de votre nom. Merci
« donc, mon cher *Cathelineau*; cent fois
« merci ! »

Que ces grandes leçons et ces nobles exemples ne soient pas perdus ! Unissons-nous tous, en ces tristes jours, dans le culte sacré du droit et du devoir, de la vertu et du dévouement, de la justice et de la religion ; pour refaire la patrie française, refaisons la patrie chrétienne ; sachons vivre et mourir au besoin pour l'autel et le foyer ; souvenons-nous que, tôt ou tard, la Providence donne au bien le triomphe. A cette condition, mais à cette condition seulement, nous serons les hommes de notre temps, les réparateurs du passé, les reconstructeurs de l'avenir ; Dieu nous sauvera !

De la Bissonnaye.

PARIS. — IMPRIMERIE F. LEVÉ, 17, RUE CASSETTE.